AF457096

www.ingramcontent.com/pod-product-compliance
Ingram Content Group UK Ltd.
Pitfield, Milton Keynes, MK11 3LW, UK
UKHW061658200726
13853UKWH00012B/2256

9 789960 206882

سلسلة الأوائل للفتيان

أولُ مَنْ أسلمَ من الموالي
زيدُ بنُ حارثة رَضِيَ اللهُ عَنهُ

بقلم

محمد ثابت توفيق

مكتبة العبيكان

ح مكتبة العبيكان، ١٤٢١هـ

فهرسة مكتبة الملك فهد الوطنية أثناء النشر

أول من أسلم من الموالي زيد بن حارثة، لجنة التأليف والترجمة بمكتبة العبيكان ـ الرياض.

٦٩ص، ١٧×٢٢ سم (سلسلة الأوائل للفتيان)

ردمك: ٢-٦٨٨-٢٠-٩٩٦٠

١- زيد بن حارثة بن شراحبيل ٢- الصحابة والتابعون.

أ - العنوان ب- السلسلة

ديوي ٩،٢٣٩ ٢١/١٨١٢

ردمك: ٢-٦٨٨-٢٠-٩٩٦٠ رقم الإيداع: ٢١/١٨١٢

الطبعة الأولى

١٤٢١هـ / ٢٠٠٠م

الناشر

مكتبة العبيكان

الرياض ـ العليا ـ تقاطع طريق الملك فهد مع العروبة.

ص.ب: ٦٢٨٠٧ الرياض ١١٥٩٥

هاتف: ٤٦٥٤٤٢٤، فاكس: ٤٦٥٠١٢٩

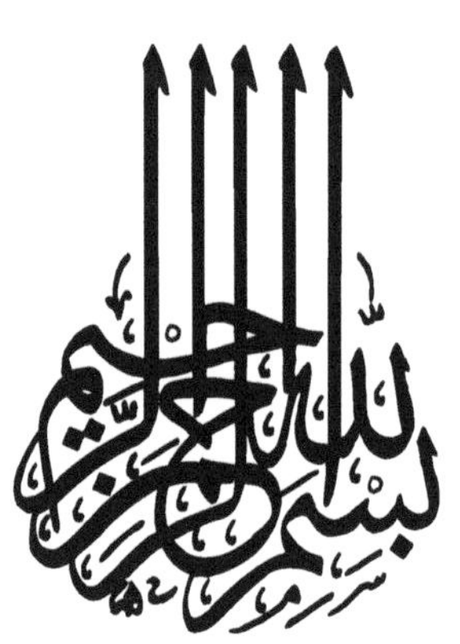

عن أسامة بن زيد: قال رسول الله ﷺ لزيد بن حارثة:

[يا زيد أنت مولاي ومني وإلي وأحب القوم إلي](١).

صدقَ رسولُ اللهِ ﷺ

(١) سير أعلام النبلاء - الإمام شمس الدين الذهبي - مؤسسة الرسالة - الطبعة الأولى ١٩٨١م جـ١، ص ٢٢٦.

وقد عزاه الذهبي إلى أحمد في مسنده. وقال المحقق أخرجه أحمد مطولاً ٥/٢٠٤، وابن سعد ٣/١/٢٩-٣٠، ورجاله ثقات وصححه الحاكم ووافقه الذهبي.

حزن أبوين

في مكانٍ من شبه الجزيرةِ العربيةِ تلك الصحراءُ الممتدةُ بلونهَا الأصفرِ المنتشرِ؛ حيثُ يقلُّ لونُ الزرعِ الأخضرِ.. في ذلك المكان ومنذُ ما يزيدُ على ألفٍ وأربعمائة عامٍ هطلَ المطرُ بغزارةٍ لدرجةٍ سمحتْ للعشبِ الأخضَر أن ينمو، أقبلَ بعضُ العربِ على المكانِ فرحينَ مستبشرينَ بالماءِ والزرعِ، ظنوا أن سيلْقوا مزيداً من الخيرِ فقرروا الإقامة فيه، ومما زادَ من شعورهمْ بالسعادةِ فيه أنَّهم وجدوا به بعضَ الأمانِ الذي يفتقدونه بشدةٍ في غيرهِ من الأماكنِ وهكذا أقاموا وتزاوجوا وأنجبوا.

مولودٌ جديدٌ:

وقفَ حارثةُ أمام خيمتِه خائفاً قلقاً، تبدو عليه الحيرةُ؛ يروحُ ويجيءُ يصغي سمعه إلى ما يدورُ بداخلِ الخيمةِ، فالليلةُ اشتدَّ تعبُ زوجهِ سعدى بنتِ ثعلبةَ وقررت بعضُ نساءِ الحي العالماتِ بأمورِ الولادة أن أوانَ وضعها قد حانَ، وقف عددٌ من الرجالِ إلى جواره يطمئنونه حتى علا صوتُ صراخ فابتسمَ حارثةُ.. واطمأن قلبهُ، فهذا الصوتُ دليلُ ميلادِ طفلٍ جديدٍ.. وما منْ مولود إلا ويأتي إلى الدنيا صارخاً كما قال في هذا المعنى الرسول عليه السلام.

حارثةُ يلقي نظرةً على ولدهِ.

أسرعَ حارثةُ إلى داخلِ الخيمةِ وبداخلهِ لهفةٌ لا تقدرُ لرؤيةُ المولود الجديدِ . ترى أذكرٌ أم أنثى؟ راح يتساءل حتى رأى المولود الصغير، إنه صورةٌ مصغرةٌ منه، ابتسمَ حارثةُ بينما اجتمعَ حوله الرجالُ فرحينَ يسألونهُ عن الاسم الذي يختارُه لابنه فقالَ:

- زيد .

فراحَ القومُ من حولهِ يتباحثون، يرى بعضهمْ أن الاسمَ جميلٌ جداً بينما راح بعضهم يفضلُ اسماً آخر، أما ذهنُ حارثة فقد انشغلَ ببكاءِ وليدهِ وراحَ يتمنى لو استطاعَ أن يحسنَ تربيته، وأن يوفرَ له من الرعايةِ والاهتمامِ ما يجعله سعيداً دائماً .

حبُّ زيدٍ ينمو في قلبِ حارثة.

راح زيدٌ ينمو فيزيدُ حبه في قلبِ أبيه؛ رآه يحبو في فناءِ الدارِ فزادتْ دقاتُ قلبه فرحاً به وخوفاً عليه من أن يصيبهُ مكروهٌ مهما كان بسيطاً، ثم تناولَ حارثةُ ابنه بين ذراعيهِ، قبَّل خدَّه الوسيمَ، ويرى ملامحَ نفسه على وجه ابنهِ . إنَّها ذكرياتٌ طويلةٌ تعودُ به لطفولتهِ أيامَ كانَ يتقلبُ بين يديْ أبويه، فهو يرى في بياضِ ابنهِ صورته . لقد كان خائفاً أن يأتيَ ولده أسود مثل لون

جدِّه لأبيه فقد كان أسودَ. ولكنْ ـ بحمدِ اللهِ ـ جاءَ زيد أبيض، فكلمَا نظرَ الأبُ في وجهِ زيدٍ ازدادَ شكره لله على هذه النعمة العظيمة، لذا فإنه على استعدادٍ للتضحيةِ بما يملكُ وأكثرَ في سبيلِ الحفاظِ على ابنهِ الصغيرِ، صاحبِ الوجهِ البريء.

خوفٌ غامض.

أشرقتِ الشمس على الكونِ وسطعتْ أشعتها فأيقظتْ حارثةُ فصحا من نومه، راحَ يوقظِ زوجه سعدى متمتعاً برؤية ابنه لأولِ مرةٍ هذا الصباحِ، لكنَّ سعادتهُ لم تطلْ لأنه تذكرَ أن على زوجهِ أن تصطحبَ الصغير كي تزور أهلها، فحدثته نفسه أن يمنعها من ذلكَ، ولكنْ أفاقَ من غفلته قائلاً: كيفَ أستطيع الاعتراض ولا حقَّ لي في أن أقطعَ زوجي عن أهلها وقومها، تزورهمْ وتلقاهمْ، ويزيدُ حبي لها بالشوقِ إليها.. وزيدٌ .. يتعرفُ إلى أخواله ويأخذُ من عقلهمْ كما أخذَ من عقلِ أعمامهِ.

حارثةُ قلقٌ.

لم يحدثْ حارثةُ زيداً ـ فلقدْ كبر وصار يفهمَ ـ أو زوجه بما يشعرُ به فإنَّ العربيَّ قد تربىَّ على التحمُّل وعدمِ الأخذِ بالشعورِ الغامضِ وغيره من الظنونِ.. صمت، فقد عودتهمُ الحياةُ في الصحراءِ الشجاعةَ والثباتَ فالخطرُ المحدقُ بهمْ من كل اتجاهٍ لا يطردهُ من القلبِ إلا تركُ التفكيرِ فيه.. نعمْ فلقدْ

علمتهمْ الحياةُ في صحراءَ واسعةٍ مترامية لا يحكمُ فيها قانونٌ أن الأمورَ تجري بمقادير.

ولن يمنعَ حذرٌ من قدرٍ، كما جاء في المثل العربي.

وداعٌ حزينٌ:

وهكذا مضَى حارثةُ مع زوجِهِ وابنهِ ولَمَّا همّ أن يستودعُهْمَا لدى القافلَة، دفعَه حنانٌ عجيبٌ لمواصلةِ السيرِ معهمَا(١).

ظلَّ يسيرُ معهمَا حتى بعد أن تحركتِ القافلةُ بالفعلِ وبدأتْ سفرهَا شاهدهَ المسافرونَ يسيرُ معهمْ بعد ما مضى جميعُ المودعينَ فلمْ يعد هناكَ مفرٌّ من أن يودعَ أهله ويعودَ.

وقف حارثةُ ودعهُمَا ودموعُه تسيلُ على غيرِ ما اعتادَ، يفاجأُ بالدموعِ تنهمرُ من عينيهِ أمامَ المسافرينَ - وهو الذي ما اعتادَ البكاءَ - وراحَ يتعجبُ من حالِ نفسهِ.. ما الذي يجعله يبكي، حتى إذا فرغَ من توديعهمَا أراد العودةَ، فإذا بقدميهِ تعاندانهِ. وإذا بهِ يجدُ نفسه ثابتاً في مكانه، كأنما شُدَّ إلى الأرضِ بحبالٍ وثيقةٍ؛ ظلَّ حارثةُ ينظرُ إلى الرحلة وقد تحركتْ وفيها زوجه وابنه وانتشر الغبارُ خلف حوافرِ الخيلِ والدوابِّ - رواحل السفر - وما

(١) رجال حول الرسول - خالد محمد خالد - دار الكتب الحديثة - القاهرة، ط١٣٨٨هـ - ١٩٦٨م، ص٣٠١.

يزالُ الإحساسُ الغامضُ يملكُ عليه نفسه فلا يحسُّ إلا بألمٍ لا يدرِي مصدره؟

خيانةٌ غيرُ متوقعةٌ.

وصلتْ أم زيدٍ إلى ديارِ قومها دون أن يصيبها أذى، استقبلها أهلها بترحابٍ وبقيتْ معهمْ وقتاً سعيداً، حتى كانتْ ساعةٌ من نهارٍ حدثَ فيها مالم يخطرْ لها على بالٍ. وذكرها بقلقِ زوجها.

لم تكنِ القبائل العربية قبل الإسلام تعرف معنى الأمان أو العيش في طمأنينةٍ، وإنما كانت حياتُهم سلسلةً متصلةً من الحروبِ من أجلِ الحصول على مكانٍ به عشبٌ، أو يتوقعُ أن تسقطَ عليه بعضُ الأمطارِ فتنبتُ زرعاً أكثر، لمثلِ هذا كانتِ القبائلُ المتجاورةَ تغزوُ بعضها بل تقتلُ الأطفالَ والنساءَ وتأخذُ أي شيء تحبَّ من ممتلكاتِ الجارِ وتغتصبُه بالقوةِ وتجعله لنفسهَا.

لم تصدقْ سعدي بنت ثعلبة عينيها حينما شاهدتْ خيلَ بني القين تهجم في وحشيةٍ على ديارِ قومها بني معنٍ فلم يتركوا رجلاً إلا حاولوا قتله لا يرحمون شيخاً كبيراً أو مريضاً أو امرأةً عجوزاً.

راحتْ دموعها تنهمرُ في غزارةٍ على ما يجري في قومها، وأسرعتْ إلى غلامها الصغيرِ فاحتضنتهُ؛ إلا أنها فوجئتْ برجالٍ غلاظٍ يدخلونَ عليها وقدْ خلتْ الدارُ إلا منها ومنهمْ.

فوجئتْ السيدةُ سعدى بهم يهجمونَ عليها فما هي إلا ضيفةٌ تجيءُ إلى هذا المكانِ وترحل عنه سريعاً، فما تبقى إلا بعض الوقتِ، ثم تمضي إلى حيثُ ديار زوجها وقومه.

فلماذا يهجم هؤلاءِ عليها؟ وماذا يريدونَ منها؟

لم تدرِ السيدةُ بنفسها إلا وهي تصرخُ بصوتٍ عالٍ ظنت الكونَ كله قد سمعه، إذْ إنَّ أيدي الرجالِ الأقوياءِ كانتْ تنتزعُ من أحضانهَا الصغيرَ زيداً تمسكتْ سعدى به أكثرَ، نادتْ رجال قومها فلمْ تر منهمْ أحداً فهمْ ما بينَ غائبٍ عن الحيِّ، وقتيلٍ، أو جريحٍ يئنُّ ولا يستطيع حراكاً، نادت السيدةُ سعدى تسترحمُ الرجالَ الأعداءَ كي يتركوا زيداً.

فلما أحستْ أنها بمفردها وأنَّ أحداً لن يصيبها؛ راحتْ تسترحمُ أولئكَ الذينَ يريدونَ أخذَ صغيرها بالقوةِ.. راحت تتوسل إليهمْ صارخةً بينما همْ ماضونَ في عزمهمْ على انتزاعِ صغيرها من بينَ يديها حتى إذا صارَ أقربَ إليهمْ منها، أيقنتْ أن لا قدرةَ لها على مقاومتهمْ ولنْ يساعدها أحدٌ راحتْ تبكي بشدةٍ متذكرةً دموعَ حارثةَ راحتْ تقولُ دعوا ابني فإنَّ له أباً بم أجيبه إذا سألني عنْه؟! بينمَا هم منصرفُون عنها فلا يستمعُون إلى كلماتها ولا تأخذُ الرحمةُ بقلب أحدهمْ كأن قلوبهم قدَّتْ من صخرٍ فلا تلينُ.

التفتتْ السيدة سعدى إلى نفسها بعد فترةٍ قليلةٍ أفاقتْ أم زيدٍ من

دهشتها غير مصدقة ما يجري كأنه كابوس فظيعٌ لا يتخيلهُ عقلٌ، نظرتْ إلى يديها الفارغتينِ.. إنه ليس مناماً انتهى.. هي حقيقةٌ، فها هي بمفردها وقدْ مضوا عنها بـ زيد الصغيرِ الذي لا جريمةَ له ولا ذنبَ سوى أنه صغيرٌ، يحيا في مجتمعٍ، بين أناسٍ لا يعرفونَ إلا القوةَ، قانونَ كل شيءٍ فلا مكان لضعيفٍ بين هؤلاءِ ولم يكنْ في العربِ قبلَ الإسلامِ أحدٌ يجمعهمْ، فيوحدُ صفهم، يجعلُ بعضهم يحترمُ حقوقَ بعضٍ، لم يكنْ في العربِ من يقومُ بهذا الدورِ قبلَ بعثةِ الرسولِ العظيم وإنقاذه العالم كله - لا العرب وحدهم - من الظلمِ المنتشرِ.

هزيمة بني معن.

تجمعَ رجالُ بني معنٍ بعد قليلٍ، جلسوا يتدبرونَ أمرهم؛ ويعيدونَ ترتيبَ ما حدثَ، لقد نجحتْ خيلُ أعدائهمْ هذه المرَّة، لكنها الحربُ، فإن كانوا قد انتصروا اليومَ لأنهمْ جاءوا على حينِ غفلةٍ لكنَّ أخوالَ زيد رجال بني معن لن يسكتوا عن ذلك وسوف يأخذون بثأرهمْ قريباً. لكنهمْ راحوا يعضونَ على أناملهمْ من شدةِ الغيظِ كلما تذكروا الخيامَ والديارَ التي حطمها الأعداء، وتذكروا أسماءَ الأسرى والقتلى من رجالهمْ، يكادونَ يموتونَ من الحسرةِ كلما تذكروا الحرائرَ من النساءِ اللائي أخذنَ أسيراتٍ ليخدمنَ في بيوتِ بني القينِ بعدَ أن كنَّ حرائر، وزادَ الألمُ والشعورُ بالحسرةِ

لديهمْ أن يختطفَ هذا الصبيُّ الصغيرُ زيد بن حارثة من بين أظهرهمْ، وهم أخوالهُ، وهو ضيفٌ قد حلَّ بدورهمْ زائراً لا يمكثُ طويلاً.

حزن السيدة سُعْدَى.

كانوا يتحدثونَ عن الثأرِ ويحمسُ بعضهمْ بعضاً بينما ذهنُ السيدةِ سعدى منشغلٌ عنهمْ، فصغيرها قد اختطفَ بالفعلِ وهي تعرف أن الكلامَ لن يعيدهُ إِليهَا فالرِّقُّ ليسَ منتشراً في حيِّها أو في قومها أوحتى لدىَ العرب فحسب بل هو منتشرٌ في العالمِ كلِّه فيباعُ الإنسانُ ويشترَى كما تباعُ وتشترىَ الدوابُّ. كان الرقُّ ظرفاً اجتماعياً يحاولُ أن يكونَ واقعاً[١] أي أنه نمطٌ للحياةِ الطبيعيةِ، وإنما كانَ يحاولُ أن يفرضَ نفسهُ ليكون واقعاً واجتماعياً لابدَّ منه، كان الشيءُ الذي يقوي أمر الرقِّ هو حوداثُ السطوِ - السرقة بالقوة - والإغارةِ - الهجوم المفاجئ - على بعضِ القبائلِ فخطفُ الأطفالِ وضعافُ الناسِ سهلٌ طالما توافرت القوة في الخاطفِ ذهبتْ سعدى وابنها زيد إِلى قومها وعادتْ إِلى ديارِ زوجها بعد فترةٍ بمفردها ذهبتْ ومعهَا صغيرها، وعادتْ وليسَ معها أحدٌ، وهكذا عادت السيدة سعدى من طريقٍ، وعاد زيدٌ من طريقٍ آخرَ مختلفٍ تماماً ليقدرَ اللهُ له أمراً لم يكنْ ليخطرَ على بالِ أحدٍ من قومهِ.

---

(١) المصدر السابق.

انقضاء الأيام السعيدة.

ما إِن وصلَ خبرُ فقدِ زيد إِلى أبيهِ حتى جزع عليه جزعاً شديداً وبكَى عليه حينَ فقده(١). أخرجه الحزنُ عن رزانتهِ وثباتهِ، فلم يدرِ ماذا يقول، فينطق الدمع في عينيه فهو لا يصدقُ أنه فقدَ صغيرهَ، وزادَ من حزنِه أنه لا يعرفُ الطريقَ إِلى حيثُ بيع فيسترده، حتى لو كلفهَ ذلك كلَّ ما يملكُ هو على استعدادٍ لكيْ يدفعَ عمره كله فداءً للصغيرِ الذي يتناقله الآن اللصوصُ بعيداً عنه، راح حارثة يبكي، وكلما تذكرَ نداءَ زيد الحلو: أبي يترقرقُ على شفتيه اشتدَّ عليه الحزنُ حتى كاد يقتله، أفيحرمُ من سماعِ هذا النداء بقيةَ عمرهِ؟ أم يقدر له أن يلتقي به؟ أينَ..؟ وكيفَ..؟ ثم إِنه تماسكَ وأنشدَ هذا الشعر:

بكيتُ على زيدٍ ولمْ أدر ما فعلْ
أحيٌّ فيرجى أم أتى دونه الأجلْ
فواللهِ ما أدري وإِنيِّ لسائلٌ
أغالكَ(٢) بعدي السهل أم غالك الجبل

---

(١) سيرة ابن هشام ـ مكتبة شقرون ـ القاهرة ـ بلا تاريخ، طبعة أو نشره جـ١، ص٢٣٠.

(٢) أغالك: أهلكك.

ويا ليتَ شعري هل لكَ الدهرُ أوبةٌ

فحسبي من الدنيا رجوعكِ لي بجلْ[١].

الشعرُ في ذلكَ الوقت كانَ المعبرَ عن حياةِ العربِ، أفراحهمْ، آلامهمْ، وهنا يقولُ الأبُ الحزينُ إنه قد بكَى على ابنهِ ولم يعلمْ أينَ هو؟ هل هو حيٌّ فينتظرُ أن يقابله؟ أم إنه قدْ ماتَ مثلاً؟ فَضَعفُ زيد وصغر سنّه يعرضانهِ للخطرِ، فإن سارَ في الصحراءِ أو صعد الجبل فهو قليلُ الحيلةِ لا يستطيعُ تصرفاً، ويتحسرُ حارثة على فراقِ ابنه متسائلاً هل سيلقاهُ مرةَ أخرى؟ فإنه لا يريدُ شيئاً من الدنيا كلها غيرَ ذلك.

رحيلُ حارثةَ في البلادِ بحثاً عن زيد.

لم يمكث حارثةُ في قومهِ وإنما حملَ عصاه وسارَ في الأنحاءِ القريبةِ من حيهِ والبعيدةِ عنه؛ يدورُ في الديارِ، يقطعُ المسافاتِ الطوالَ التي لو سارها في الأحوالِ العاديةِ لتعبَ، لكن الأمرَ يتصلُ بفقدِ ابنهِ فإنه لن يتوقفَ مهما شعرَ بشدةِ الإرهاقِ، بل إن كل شيءٍ يهونُ، كان يسير الأيامَ الطوالَ تحتَ شمسِ الجزيرةِ العربيةِ فلا يشعرُ بشدةِ الحرارة؛ وإنما يحسُّ بانقباضِ قلبهِ وشدةِ حزنهِ لفقدِ ولدهِ[٢].

---

(١) المصدر السابق.

(٢) خالد محمد خالد: رجال حول الرسول – دار الكتب الحديثة ـ القاهرة، ط ١٣٨٨هـ ـ ١٩٦٨م، ص ٣٠..

لقد استمرَّ بحثُ حارثةَ عن ولدِه قرابةَ عشرينَ سنةً، ولكنَّ البحثَ كان بالسؤالِ أحياناً، وبتفرسِ وجوهِ الأولادِ أحياناً أخرى وبمواسمِ الحجِّ تارةً وبتفقدِ أسواقِ النخاسةِ (بيع العبيد) مراتٍ متقاربةٍ ومتباعدةٍ، وكلُّ شيءٍ يمكنُ نسيانهُ إلا النسبَ.

صحيحٌ أن حياتهُ استمرتْ طبيعيةً بين قبيلتهِ في حلهِ وترحالهِ وإقامتهِ وظعنهِ، لكنْ لمْ تُمحَ صورةُ ابنهِ زيد من ذهنهِ، ولم ينقطعْ الأملْ في لقائهِ وعودتهِ، فكانَ سؤالهُ عن ابنهِ كلما سنحتْ فرصةٌ لا يتوقفُ.

ولم يكن المجتمعُ العربيَّ آنذاكَ ليفسحَ المجالَ للعبيدِ كيْ ينطلقوا ويختلطوا بالناسِ إلا بما يتصلُ بالضرورياتِ التي تقتضيها مصالحُ السادةِ الخاصةِ.

وهذا ما جعلَ حارثة مع كثرةِ بحثهِ الطويلِ لا يهتدي بسرعةٍ إلى مكانِ ابنهِ.

فإذا أضفنا إلى ذلك أنَّ زيداً كانَ في أعز أسرةٍ وأفضل بيت وخيرِ سادةٍ يتمنى مكانهُ عندَ أولئك السادة كل من عرفوا محمداً فيما بعد وآمنوا به، فكان لا يخرج من ذلك البيت إلا لمهمة يوكلونه بها؟

فلا عجبَ بعد ذلكَ إن اختارَ هؤلاءِ السادةَ على حياةِ ومعاشرةِ أهلهِ وعشيرتهِ، صحيحٌ أن حياةَ عشيرتهِ كانت هادئةً صافيةً. لكنها جزءٌ من حياةِ الجاهليةِ، وهي في تعدادِ القبائلِ العربيةِ الجاهليةِ شاؤوا أم أبوا. وها هو الغزو يداهمهمْ ويختطف زيداً منهمْ. إنها الجاهليةُ.

لقاء سعيد

لم يكن حارثةُ يعلمُ وهو يدورُ حزيناً على فقد ابنه أن القدرَ قد هيأ للصغيرِ أمراً أفضلَ من مجردِ إقامته معه؛ فماذا لو بقي زيدٌ إلى جوارِ حارثةَ طوالَ العمرِ؟ ربما نشأ تاجراً ماهراً، وورثَ عن أبيه داراً وما إلى ذلك، كان سيتربى بين أبويه، نعمْ، ولكن وبعد؟

لقد أرادَ اللهُ لهذا الغلام الواعد(١) أن يكون له أمرٌ عظيم حينما يكبر.

محمدٌ ينزلُ إلى سوق النخاسة.

خرجَ الرسولُ العظيم إلى السوقِ، ذهبَ يدورُ فيه، يشاهدُ البضاعةَ المعروضَة، ويطوفُ بعينيْه بين العبيد، حتى وقعتْ عيناه على غلامٍ صغيرٍ ذي ذؤابةٍ قد أوقفه قومه بالبطحاء للبيعِ(٢).

رأىَ الرسولُ العظيم زيداً الصغيرَ وقد أوقفه بعضُ الرجالِ في الموضعِ الذي يقفُ فيهِ العبيدُ قبلَ بيعهمْ واسمه سوقُ النخاسةِ، وكانت لزيدٍ ضفيرةٌ صغيرةٌ، كانتْ أماراتُ النعمةِ تلوحُ على وجهِ الصغيرِ، اقتربَ الرسولُ العظيم منه.

(١) الغلام الواعد الذي يؤمل له مستقبلٌ مليءٌ بالخير.

(٢) سير أعلام النبلاء ـ الإمام شمس الدين الذهبي ـ مؤسسة الرسالة الطبعة الأولى ١٩٨١م، ص ٢٣٣.

كثيرونَ همُ الذين اقتربُوا من زيدٍ هذا الصباح، دققوا النظرَ في وجههِ وربما قلبوا في أعضائهِ كما يقلبون في دابةٍ يريدونَ شراءها يتأكدونَ من قدرةِ الناقة مثلاً على تحملها أثناءَ السفرِ؛ كما يدققون في أعضائه ثم ينصرفونَ عنه مغمضينَ، لم يكنْ ذلكَ هو الذي يضايقه فقطْ؛ وإنما كانتْ معاشرته للعبيدِ ـ أولئكَ الذينَ كانوا يخدمونَ أباه وعمه ـ كانتْ معاشرتهُ لهمْ كفيلةٌ بأنْ توهمه أن حياته القادمة لن تكونَ تلكَ الحياة الهانئة التي اعتادَ عليها، فالعبدُ إنسانٌ لا يملكُ من أمر نفسه شيئاً بلْ إنه يستيقظ في الموعدِ الذي أرادهُ له سيده، ويأكلُ كما يريدُ له مالكهُ، وينامُ حيث يشاءُ وربما ينامُ بين الدوابِّ، بل إنه أحياناً يعيره صاحبه لجارهِ كي يخدمهُ أو لأحدٍ من أهلهِ، وفي جميعِ الحالاتِ لن يستطيعَ اعتراضاً، أو حتى إظهارَ ضيقٍ، وعليه أن ينفذ ما يقالُ له في صمتٍ.

كانتْ أيامُ زيد القادمةُ تشغلُ نفسهُ، في أيِّ دارٍ ـ يا ترى ـ سيكون؟ وكيفَ سيعامله أهلُ هذه الدار؟ هل يزيدون على معاملةِ العبيدِ التي رآها وعرفها وفكر فيها منذ قليلٍ؟

فيكلفونه بأعمالٍ أخرىَ لا طاقةَ له بها.

توسَّم الرسولُ العظيم في زيد الخير وإن كانَ قد اكتفى بالمشاهدة ولم يفعلْ ما فعله الآخرون فيه، سأل الرسولُ العظيم عن السعر الذي يريدونَ

بيعه به فقيلَ له:

- سبعمائة درهمٍ.

ثمنٌ مرتفعٌ بالنسبةِ إلى الأسعار التي كان العبيدُ يباعونَ بها، قال الرسولُ الحكيم في حزمٍ ما يعني أنهُ ربما يحضرُ المالَ ويعودُ، فإن لم يفعلْ بعد فترةٍ فبإمكانهمْ أن يبيعوا زيداً لمن يشاؤونَ.

انصرفَ محمدٌ ـ صلى الله عليه وسلم ـ وتركَ زيداً في مكانه، يتمنى أن يعودَ محمدٌ إليه، فلقدْ رأى فيه الإنسانَ الهادئَ النفس، الحكيمَ في قوله فلمْ يتكلمْ إلا بالمختصرِ المفيدِ من القولِ.. فإن لمْ يعدْ؟ راحتْ نفسُ زيدٍ تحدثه إذن يعودُ مع هؤلاءِ اللصوصِ القساةِ القلب إلى حيثُ يقيمونَ، وعليه أن يخدمهمْ دونَ أن يراعوا أنه إنسانٌ مثلهمْ بحاجةٍ إلى ما يحتاجُ إليهِ الإنسانُ من طعامٍ وشرابٍ وراحةٍ.

محمد يخبر زوجه بأمرِ زيدٍ.

لم يكن محمدٌ قد بعثَ بعدُ، كان متزوجاً بالسيدةِ خديجةَ ويعملُ في تجارتها، عادَ مسرعاً إليها فذكرَ لها خبرَ زيدٍ ورغبتهُ في شرائه فأجابتْ السيدةُ خديجةُ:

- كم ثمنهُ؟

- فأجابَ:

- سبع مائة[1].

فقالت: خذ سبعَ مئة.

عَوْدَةٌ.

بقي زيد في مكانه والمزيدُ من الناس يتطلعونَ إليهِ ويمضونَ أو يقفونَ للسؤالِ عن ثمنهِ، بينما هَو يتطلعُ إلى حيثُ انصرفَ محمدٌ، حتى رآهُ قادماً. لقد عادَ بأسرعَ مما كان يتصورُ، أعطى الرجالَ الواقفينَ خلفهَ ومن حولهِ سبعَ مئةَ درهمٍ واصطحبَ زيداً عائداً إلى الدارِ.

مزيدٌ من الخيرِ ينتظرُ زيداً.

منذ أن اصطحبَ محمدٌ زيداً، منذُ أن سارَا في الطريق ومن اللحظةِ الأولىَ أحسَّ زيدٌ أنهُ أمامَ إنسانٍ كريمٍ سيحسنُ معاملتهُ فاستبشرَ خيراً، عادَ إلى السيدةِ خديجةَ فما إن جلَس وجلس زيدٌ حتى قال:

- أَما إِنه لو كانَ لي لأعتقتهُ.

لم تكنْ من طريقةٍ لإعادةِ العبدِ إنساناً حراً كما كانَ إلا أن يتنازلَ عنه سيدهُ راضياً مكافأةً على خدمةٍ قدمها له العبدُ أو أن يدخرِ من المالِ ما يكفي

---

(١) المصدر السابق - كذا وردت في الأصل «سبع مائة».

مالكه حتى يتركه حراً وإلا يبقى الإنسانُ عبداً طوالَ عمرِه.. أما محمدٌ فإنَّه ليخبرُ السيدةَ خديجةَ أن زيداً لو أنهُ له؟ لو أنه مالكه.. لتركهُ حراً على الفورِ؛ هكذا منذ البدايةِ، أجابته السيدةُ خديجةُ:

- فهوَ لك.

إن الزوجةَ العاقلة خديجةَ تبادرُ فتردُّ على زوجِها بأن العبدَ الذي اشترتهْ بمالها ولم يُرد أن يتركه حراً قبل أن يعرضَ عليها الأمرَ؛ إنها لتردُّ على قوله الحسنِ بقولٍ مثله إذ إنها تهدي زيداً إليه.

هنا أعتقَ محمدٌ زيداً، أخبره بأنه حرٌ كما كانَ وله الحرية الكاملة في الاختيارِ إما البقاءَ معهُ أو الذهابَ إلى حيثُ يريدُ.

حسنُ معاملة زيد.

اختارَ زيدٌ البقاء مع محمدٍ، فرأى من حسنِ معاملته مالمْ يتوقعْه؛ لم يكنْ محمد يكلفه قط بما لا يطيقُ، كان يعهدُ إليهِ من الأمورِ ما يناسبهُ، لمْ يقلْ له مرةً عن شيء فعلهَ لم فعلْته؟ أو عن آخر تركهَ لم تركْته؟(١) لم يكنْ محمدٌ الحكيم يعاتبه أو يعاقبه ولا عجبَ في أن يفعَل محمدٌ هذا وهو الذي قالَ بعد بعثتهِ عن الخدمِ والعبيدِ هم إخوانكُم وخولكُم جعلهم اللهُ تحت أيديكمْ، فمن كانَ أخوه تحت يده فليطعمْه مما يأكلُ وليلبسه مما يلبسُ ولاتكلفوهم مالا يطيقونَ فإن كلفتموهمْ فأعينوهمْ عليْه.

---

(١) كما أخبر بذلك أنس بن مالك.

أحسَّ زيدٌ أن القدرَ قد عوضه عن فقدِ أبيهِ وقومهِ برجلٍ عظيمٍ لا يوجدُ في الدنيا مثيلٌ له في أخلاقهِ ومعاملتهِ، ويستحقُّ عن جدارةٍ قولَ الشاعر:

وأفضل منكَ لم ترقط عيني وخيراً منك لم تلد النساءُ

خلقتَ مبرءاً من كل عيبٍ كأنكَ قد خلقتَ كما تشاءُ

بلوغ خبر حارثة ابنه زيداً.

تعرفَ بعضُ الرجال المقيمينَ في حيٍّ حارثة على زيد عندما رأوْه في مكةَ فأخبروه بخبرِ حزنِ أبيه عليه فما كانَ من زيدٍ إلا أن أنشدَ هذه الأبياتَ في مكانٍ يستطيعُ المسافرونَ إلى حيثُ دار أبيه أن يسمعُوه:

أحنُّ إلى أهلي وإنْ كنتُ نائياً

بأنيِّ قعيد البيت عندَ المشاعرِ

فكفوا عن الوجدِ الذي شجاكم

ولا تعملوا في الأرضِ نص الأباعرِ

فإني بحمدِ الله في خيرِ أسرةٍ

كرامٍ معدٍ كابراً بعد كابرٍ(١).

يقولُ زيدٌ بعدَ أن استمعَ إلى ما ذكرهُ قومه عنْ أبيه حارثة أنهَ يحنٍّ إلى

(١) سيرة ابن هشام ـ شقرون ـ القاهرة ـ جـ١ ـ ص٢٣١.

أهلهِ، وأن بعده عنهمْ لا يعني أنه قد ينساهم لكنَّ الأمرَ الذي يخففُ عنهْ ألمَ فراقهُ لهمْ أنه قريبٌ من البيتِ الحرامِ، الذي كانتِ العربُ تعظمه وتجلُّهُ حتى قبلَ الإسلامِ. وقد أنعمَ اللهُ عليهِ بأن جعله في أحسنِ أسرةٍ تضمُّ الصادقَ الأمينَ الرسولَ والسيدةَ خديجةَ وهمْ كرام من نسلِ أكابرِ قومهمَا.

حارثة يسافرُ إلى ابنهِ:

عادَ أولئكَ القومُ إلى حارثةَ فأخبروه بخبرِ لقائهمْ ابنهِ في مكةَ، استمعَ إلى الشعرِ الذي رووه عنه فاطمأنّ قلبه بعضَ الشيءِ، غير أنَّ الخوفَ الشديدَ عاودَهُ.

ماذا لوْ أن زيداً ما قالَ هذه الكلماتِ إلا ليطمئنه ليسَ أكثرَ؟

إنَّ عليهِ أن يستعدَّ بأقصى سرعةٍ للسفرِ إلى ابنهِ وإرجاعهِ إلى أسْرته.

راحَ حارثةُ يجهزُ دابتهُ وهو يعدُ نفسه بلقاءِ زيدٍ، وما إن علمَ أخوه كعبٌ بأمرِ سفرهِ إلى مكةَ إلا وعزمَ هو الآخرَ على السفرِ معه ومرافقتَه.

وما أتى الصباحُ إلا وقد عزمَا على السفرِ، سارا مسرعينِ يسابقانِ المسافرينَ إلى حيثُ يقيمُ زيدٌ.

لقاءٌ بعد طول غيابٍ

بوصولِ حارثةَ وأخيه كعب إلى مكةَ مضيا يسألانِ عن محمدٍ ـ صلى الله عليه وسلم ـ لم ينتظرا حتى يستريحا من عناءِ السفرِ، وإنما أسرعَ حارثةُ في لهفةٍ يسألُ وكأنه غريقٌ يوشكُ على الهلاكِ، وقدْ لاحتْ له أخيراً يدٌ تنقذه، وجدَ مَنْ يتعلقُ به، يسألُ عنْ محمدٍ فتبتسمُ شفتا مَنْ يسأله ويقول له على الفور:

- تقصدُ الصادقَ الأمينَ.

لم يذكرْ له أحدٌ إلا كلَّ خيرٍ عن صاحبِ الدارِ التي يقيمُ فيها ابنُه؛ إن ذلك ليسهلُ له أمرَ عودته به، فهذا الرجلُ المشهودُ له بالأمانةِ لن يمنعَ جمعَ أسرةٍ من جديدٍ. لذا فلنْ يمانعَ في عودةِ زيد معَ أبيهِ وعمهِ إلى قومهِ.

لقاء.

هكذا راحتِ الأفكار تعملُ في نفسِ حارثة وعقلهِ بسرعةٍ حتى أفاقَ على الدليلِ الذي يريه الطريقَ يكرر!

- ها هو ذا محمدُ بن عبدالله.

رحبَ بهما محمدٌ فأسرعَ حارثةُ قائلاً:

- يا بن المطلب يا بن سيِّد قومِه، أنتمْ أهلُ حرمٍ؛ تفكون العاني

وتطعمونَ الأسيرَ.. جئناكَ في ولدِنَا، فامننْ علينا وأحسنْ في فدائه.

إنهُ ينادي الرسولَ الكريمَ مذكراً إياهُ بمكانته العظيمةَ في قومه، وأنه واحدٌ من أهلِ الحرمِ الذينَ يساعدونَ الناسَ على الخلاصِ من المصائبِ التي تنزلُ بهمْ لذا فإنه ليطلبُ منه ـ زيداً ابنه وإنه ليرجو أن ينعمَ عليه محمدٌ وألا يطلبَ منه مالا يطيقُ قبلَ أن يردَّه إليه.

رد حكيم.

استمعَ محمدٌ إلى كلماتهما في إنصاتٍ، ثم قالَ:

ـ ادعُ زيداً، وخيِّرهُ، فإنِ اختاركُم فهو لكم بغيرِ فداءٍ، وإنِ اختارني فواللهِ ما أنا بالذي أختار على من اختارَني فداء(١).

نطقَ الرسولُ بالحكمةِ فإنه سوفَ يدعُو زيداً ثم يسألهُ أيهمَا يفضل وبالتاليِ يختارُ.. هل يذهبُ معهما؟ فإن اختارَ ذلكَ فهوَ لهما دونَ أن يدفعا شيئاً.. أمَّا إنِ اختارَ البقاءَ معهُ فإنه يعلن لهُما أنه لنْ يتخلى عن زيدٍ ساعتها إذ إنه ليسَ بالذي يختارُ أو يفرِّط فيمنْ اختارَه على أهلِه ووثق فيه؛ هنا تهللَ وجه حارثةَ الذي لم يكنْ يتوقعُ كلَّ هذا القدرِ من السماحِ من جانب الصادقِ العظيمِ وقال:

---

(١) خالد محمد خالد ـ رجال حول الرسول ـ دار الكتب الحديثة، رجب ١٣٨٨ ص ٣٦٨.

- لقد أنصفتنا، وزدتنا على النَّصف(١).

فقال حارثةُ لقدْ أعطيتنا بكلماتك هذه وبتخييركَ زيداً حقنا وزدتَ.

وبذلك يكونُ حارثة قد رضي حكم محمد صلى الله عليه وسلم.

محمد يرسلُ في طلب زيد.

وأرسلَ محمدٌ يستدعي زيداً ولما جاءَ كانَ اللقاءُ الحارَّ بينه وبين أبيه الذي لمْ يصدقْ عينيه فهَا هُو زيد أمامَه مرة أخرَى حيٌّ يرزقُ بل يحيَا حياةً كريمةً مع رجلٍ كشفتْ كلماتُه الأولَى القليلة معَه عن حسنِ أصلهِ وكرمِ أخلاقهِ الذي لاحدَّ له.. اختلطت الكلماتُ في هذا اللقاءِ الحميمِ بدمُوع حارثةَ وشوقه العظيم إلى ابنه.. انتظر محمدٌ حتى انتهيا ثم وجَّه حديثه إلى زيدٍ:

- هل تعرفُ هؤلاءِ.

قال:

- نعمْ.. هذا أبي وهذا عَمّي(٢).

وأعادَ، محمدٌ ما قاله لهمَا.. صمتَ زيدُ قليلاً.. إنه يتركُ الفرصةَ كاملةً

---

(١) المصدر السابق.

(٢) المصدر السابق.

لزيدٍ لكيْ يختارَ فهو حينها يسألهُ هلْ تعرفهما.. يعرف النبيُّ الرحيمُ أن زيداً قد تعرفَ على أبيهِ وعمهِ من خلالِ حرارةِ اللقاءِ الذي كان بينهمَا غيرَ أنَّه لا يكتفي بذلك بل إنَّه ليذكرُ زيداً بمكانةِ هذينِ الرجلينِ وبعظم اختيارهِ القادمِ إذ ستتوقفُ عليه حياتُه وما بقي لَه من أعوامٍ في هذه الحياةِ.

زيدٌ يسترجعُ حسنَ صحبةِ محمدٍ له:

صمتَ زيدٌ في حين راحَ ذهنُه يعملُ بسرعةٍ ها هو ذَا يخيرُ بينَ صحبتهِ لمحمدٍ صلى الله عليه وسلم وعودتهِ إلى قومهِ حيثُ بقيةُ أهلهِ وما له من مكانةٍ ومالٍ.. ذهبَ زيدٌ يسترجعُ ذلكَ السؤالَ الذي طالما طرحه على نفْسه كلما رأى من حسْن معاملةِ محمدٍ ـ صلى الله عليه وسلم ـ ما ينسيه فقدَ الأهلِ ومرحَ الأصدقاءِ وصخبَ الشبابِ؛ إنه لمْ يرَ في حياتِه رجُلاً في مثلِ صفاتِ محمدٍ بن عبدالله.. لم يرَ قبلُ رجلاً جمعَ بين كرمِ الأخلاقِ وعفةِ الضميرِ وطهارة النفسِ.. إنه يختلفُ عن الناسِ الذين رآهم في حياته؛ إنه يختلفُ عن جميعِ من التقى بهمْ وعرفهمْ لا يختلفُ في فكره فقطْ كما يحدثُ أن تشاهد كثيراً من الناسِ، يحسنونَ التفكيرَ النظريّ حتى إذا جاءَ أمرُ الجد والعملِ الحقيقيّ ترى الواحدَ منهمْ غيرَ قادرٍ على تطبيقِ ما كانَ ينادي به هو نفسُه ـ لقد جمعَ محمدٌ بين الصفتينِ رجاحةَ العقلِ والقدرةِ على الفعلِ الحسنِ فهو:

عفَّ اللسان إذا تحدثّ فلا ينطقُ بكلمةٍ لم يقدرْ لها جيداً، تراهُ في جميعِ مواقفهِ لا ينطقُ إلا بالحقِّ لايحيدُ عنه، وهو أيضاً الوفيُّ إذ عاهدَ أو وعدَ فلا يخونُ ولا يخلفُ وعداً، كذلك فإنَّه العادلَ الذي يعطي كلَّ ذي حقٍّ حقَّه يتاجرُ في مال السيدة خديجة يجري المالُ بين يديهِ كثيراً فلا يغيرُ ذلكَ من نفسه، ولا يبدلُ من طباعهِ، بل إنه العادلُ لا يغريه شيء؛ أمين تتنزه أقواله وأفعاله عن الشبهاتِ، فلا يضع نفسه في موضعِ يشك فيه الناسُ، وإنما حرصُه على الأمانةِ حرصٌ دائمٌ في كلِّ ما يقولُ وما يفعلُ فلا يتغيرَّ وهو معَ ذلك جمُّ التواضع كثيره، لا تراه فخُوراً أو متكبراً بما لديْه. كامل الرجولةِ لا يقبلُ أن يرىَ أمامه ضعيفاً إلا ويتقدَّم كي يعينه ويقدمَ له ما يملكُ لأجلِ مساعدته كذلكَ كان الرسولُ العظيمُ محبوباً لدىَ من عرفهُ من الناس، مهاباً قويَّ الشخصية لدى منْ يعرفُه ومن لا يعرفه، وهو أخيراً ـ كما عرفهُ زيد ـ جوادٌ كثيرُ الكرم، لا يردُّ ولا يخيبُ رجاءَ سائلٍ أو طالبِ مالٍ، بل يساعدُ على أحداثِ الدهرِ(١).

زيد يختار.

طافتْ جميعُ هذه الصفاتُ الحسنةُ التي عرفها زيدٌ من خلالِ معاشرتهِ محمداً، جالتْ بذهنهِ حتى إذا ما فرغَ منها، هنا قالَ زيد:

(١) أسامة بن زيد ـ علي الجمبلاطي ـ عبدالمنعم قنديل.. دار نهضة مصر للطباعة والنشر ص ٧٢٦.

- ما أنا بالذي يختارُ عليكَ أحداً، أنت الأبَ والعمُّ.

إنه ليختارُ العيشَ بجوارِ محمدٍ وحسنِ صحبته على العودةِ إلى قومهِ مع أبيهِ وعمهِ؛ لقدْ وُفِّق زيدٌ وأحسنَ الاختيار فقالَ: إنه لا يختارُ على محمدٍ أحداً فهو بالنسبة إليه الأبُ والعمُّ ولا حاجَة به إلى أحدٍ من البشرِ طالما كانَ يحيا مع محمدٍ عليه الصلاة والسلام.

تعجبَ حارثةُ وأخوه منْ موقفِ زيدٍ!!

صاحَ الرجلانَ في صوتٍ واحدٍ:

- ويحكَ يا زيدُ أتختارُ العبوديَّة على الحريةِ وعلى أبيكَ وعمكَ وعلى أهلِ بيتكِ.

إنهما ليتعجبانِ من موقفِ زيدٍ الذي يختارُ العبودية - في وجهةِ نظرهمَا - على الحريةِ وعلى العودةِ معهمَا إلى حيثُ أهله.

جواب حكيم.

في ثقةٍ وثباتٍ وبكلماتٍ قليلةٍ أجابَ عليهمَا زيد.

- نعمْ لقد رأيتُ من هذا الرجلِ شيئاً ما أنَا بالذي أختارُ عليه أحداً أبداً(١).

---

(١) المصدر السابق.

لم تعدْ أمامَ حارثةَ فرصَة لكيْ يقولَ شيئاً وكذلكَ كان حالُ أخيه، علّ حارثةَ راحَ يسترجعُ لوعتهَ الشديدةَ على فقدِ ولدِه، تجوالهَ في البلادِ، ثم ها هو زيدٌ يختارُ الرسولُ العظيم عليه، راحَ حارثةُ يفكر في صفاتِ محمدٍ - صلى الله عليه وسلم - التي جعلتْ زيداً يفضِّل البقاءَ معه على أيِّ شيءٍ، شكرَ حارثةُ وأخُوه محمداً، العظيمَ علَى حسنِ استضافتهِ لهمَا وحسنِ معاملتهِ لابنهمَا الشابِّ ووداعهُ.

محمدٌ ﷺ يعلن تبنيه لزيدٍ

موقفٌ جميلٌ.

ما إن استمع محمدٌ إلى كلماتِ زيدٍ في الردِّ على أبيه وعمِّه حتى ذرفتِ عيناهُ بدموعِ شاكرةٍ وحانيةٍ[١].

فمحمدٌ من فرطِ تأثرهِ بكلماتِ زيدٍ ذرفتْ عيناهُ بالدموعِ.. دموعِ تقدير كلماتِ زيدٍ.. وشكرهِ على مبادلته له.

وفاءً بوفاءٍ.. ثم إن محمداً أمسكَ بيد زيدٍ يقودهُ؛ سارَ به وحارثةُ وراءهما معَه أخُوه حتى إذا وصلَ محمدٌ العظيم إلى الكعبةِ المشرفةِ توقفَ حيثُ فناؤُها وحيثُ اجتمعتْ قُريش؛ في المكانِ الذي يأتي إليه من أرادَ أن يعلنَ على قومهِ أمراً عظيماً.. خرجَ محمدٌ بزيدٍ ووقفَ في ذلكَ الموضعِ منادياً:

اشهدُوا أن زيداً ابني.. يرثُني وأرثُه.

أعلنَ محمدٌ في قريشٍ بلْ أشهدهُم على تبنيه لزيدٍ أيْ أنهُ يعتبره منذ هذه اللحظة ابناً له يحقٌّ له كلُّ ما يحقُّ للابن لدى أبيه من حقوقٍ في الحياةِ ويأخذُ من مالهِ وما يتركُه بعد الممَاتِ؛ وكذلك فإنَّ للرسولِ من زيدٍ ما للأبِ من ابنهِ..

(١) خالد محمد خالد - رجال حول الرسول - دار الكتب الحديثة، رجب ١٣٨٨هـ ص ٣٦٨.

وقف حارثةُ وأخُوه وقد عقدت الدهشةُ لسانيهما.. حتى إِن حارثةُ لم يستطع نطقاً كادت الفرحة تذهبُ بعقلهِ.. ها هو محمدٌ ـ صلى الله عليه وسلم ـ الذي ينتهي نسبه إِلى بنيِ هاشمٍ وهمْ من أكرم العربِ وأفضلهمْ.. ها هو الرجلُ الذي لقبَه قومُه بالصادقِ الأمينِ من كثرةِ احترامهمْ له يختارُ ابنه فيجعلَه كأنه ابنُه بل ويسمِّيه ويطلبُ من الناسِ أن يدعوه زيدَ بن محمد لم يكنْ حارثةُ ليتخيلَّ حدوثَ مثل هذا الموقفِ ولم يكنْ ليطمئنَّ على ابنه بأيَّة حالٍ من الأحوال مثلما هو مطمئنٌّ عليه الآن؛ نعمْ يتركهُ في مكةَ ويغادرُ المكانَ دونَ أن يصطحبه معَه ولكنهُ مطمئنٌّ عليه غير قلقٍ ولا وجلٍ.. أليس في صحبة خيرِ العربِ وأفضلهمْ أخلاقاً؟

حارثةُ يفهم لماذا اختارَ ابنه البقاءَ مع الرسُول.

في هذه اللحظة فهمَ حارثةُ لماذا اختار زيدٌ وفضلَ البقاءَ مع محمدٍ على العودةِ إِلى قومهِ، عندَ ذلك انتشرتِ الفرحةُ وبدتْ واضحةً في وجهِ حارثةَ وأخيه كعبٍ. وانطلقا عائدينِ إِلى قومهما تظللهما الفرحةُ بعد طول حزنٍ وحيرةٍ عند السفرِ خوفاً ألا يجدانه في مكةَ؛ تعجبَ قومُهما فورَ رؤيتهما سعيدينِ رغمَ عدمِ وجودِ زيدٍ معهُما وذهبوا يسألونهما عن سببِ سعادتهما وعودتهما دونَ زيدٍ.

فلمَّا ألحَّ عليهما الناسُ وزادوا في إِلحاحهمْ لم يجدا مخرجاً سوَى أن

يقصَّا لهم ما حدثَ. . حتى إذا ما انتهيا عمتِ الفرحَة أرجاءَ الحي وراحَ أكابرُ رجالهِ. يقدرونَ كلماتِ محمد حينما خيرَّ زيداً ويمدحُون تبنيهِ له.

ما التبني؟

التبنِّي عادةٌ منتشرةٌ في الجاهليةِ أي قبلَ الإسلامِ إذ يختارُ واحدٌ من كبارِ القومِ شاباً أو غلاماً صغيراً فيحبهُ ويقربهُ منهُ لخلقٍ كريمٍ يرتضيهِ فيه أو لتوسمه - إحساسه - بالخيرِ الشديدِ فيه أو حتى لصفةٍ مشابهةٍ يراها فيه. . فيروحُ هذا الكبيرُ ويعلنُ أمامَ جمعٍ غفيرٍ من أهلِ الحيِّ أو القبيلةِ التي يعيشانِ فيها ثم يعلنُ أن هذا الإنسانَ منهُ بمنزلةِ الابنِ لذا فإنهُ يعتبرُ نفسَه أباً له بلْ ويهبه اسمه فيُسَمَّي هذا الغلامُ أو الشابُ الصغيرُ باسم ذلك الكبيرِ في قومِه وهكذا صارَ زيدٌ كأنَّه ابنٌ للرسولِ العظيم، وأصبحتْ قريشٌ تناديه بزيدٍ بنِ محمدٍ. وهذا أمرٌ من الأمورِ التي نهى عنْها الإسلامُ بل حرّمها كما سيأتي.

زيد حبُّ رسولِ الله صلى الله عليه وسلم.

هكذَا فإنَّ التسمية التي ظلّت ملازمةً لزيدِ بنِ حارثةَ بعد أن نَهى الله عن تسميتهِ بزيدِ بنِ محمدٍ فإنَّ لقبَه بـ (حبِّ رسولِ اللهِ) هو الذي استمرَّ معه مدى حياتهِ.

حِبُّ الرسولِ الكريمِ أيْ حبيبهُ والأقربُ إليه وما كانَ الرسولُ ـ صلى الله عليه وسلم ـ يحبُّ إلا طيباً[1] أيْ حَسَناً.

عن عبدالله بن عمر ـ رضي الله عنهما ـ قال: إن زيدَ بنَ حارثةَ. موْلي رسول الله ـ صلى الله عليه وسلم ـ ما كنَّا ندعُوه إلا زيدَ بن محمدٍ، حتى نزلَ القرآنُ ﴿**ادْعُوهُمْ لآبَائِهِمْ هُوَ أَقْسَطُ عِندَ اللَّه**﴾ رواه البخاري ومسلم والترمذي وغيرهم.

---

(١) سير أعلام النبلاء ـ الإمام شمس الدين الذهبي ـ مؤسسة الرسالة ـ الطبعة الأولى ١٩٨١م ص ٢٢١.

فصلٌ جديدٌ في حياةِ زيدٍ

أخلصَ زيدٌ في طاعتهِ لـ محمدٍ ولزوجهِ السيدةِ خديجةَ إخلاصاً يتعدى إخلاصَ القولِ إلى إخلاصِ القولِ والعملِ معاً؛ رأى في الرسولِ أعلى صورة من صور الإنسانيةِ، رأى فيه نعمَ الأخُ والصاحبُ والصديقُ بل رآه الأبَ الحنونَ عوضهُ عن أبيه الذي أنجبهُ وعمِّه بلْ عن سائر قومه.

كذلك كانَ محمدٌ يبادلُ زيداً حبًّا بحبٍّ وكذلكَ كانتِ السيدةُ خديجةُ تبادله حباً بحبٍّ، كانا يريانِ فيه نعم الأخ والصديق، ويُعدُّ أقربَ إنسانٍ إلى قلبيهمَا الصافيينِ.

إسلامُ زيدٍ.

دخلَ زيدٌ بيتَ الرسولِ الكريمِ وقتَ الظهيرةِ(١) في أحد الأيامِ فوجدَ الرسُول العظيم وخلفَه السيدةُ خديجةُ يركعانِ ويسجدانِ ويرددانِ كلماتٍ لم يسمعْها من قبلُ وقفَ زيدٌ مشدوهاً متعجباً ومضتْ بضعُ لحظاتٍ لا يدرِي ماذا يفعَلُ الرسول العظيمُ وزوجُه حتى انتهيَا مما يفعلانِ فراحَ يسألهمَا فأخبرهُ الرسولُ الكريمُ أنَّ هذهِ هي الصلاةُ .. وكانتِ الصلاةُ في ذلكَ الوقتِ تؤدى قبلَ شروقِ الشمسِ وبعد غرُوبها.. ولم تكتملْ كخمسِ صلواتٍ في

---

(١) زيد بن حارثة ـ علي الجمبلاطي ـ عبد المنعم قنديل ـ دار نهضة مصر للطباعة والنشر ص ١٠.

اليوم والليلةِ إلا في رحلةِ الإسراءِ والمعراجِ(١) ـ وهي تعني الصلَةَ بينَ العبدِ وربِّه وتكونُ بالركوعِ والسجودِ لله وتسبيحِه وتلاَ الرسُول العظيم عليه بعضَ آياتٍ من القرآن الكريم فلم يترددْ زيدٌ كثيراً، وكيفَ يترددُ كثيراً وهو الذي فَضَّلَ صُحْبَةَ الرسولِ ـ صلى الله عليه وسلم ـ على صُحْبةِ أبيه وأمه أفيعودُ بعدَ ذلك ليشكَّ في أمرٍ يخبرهُ بهِ الرسولُ وهو مَنْ هوَ لديه؟..

زيدٌ أولُ من أسلمَ من الموالي.

بذلك يكونُ زيدٌ أولَ من أسلمَ من الموالي أي منَ العبيدِ ذوي البشرةِ السمراءِ ولقد سبقت السيدة خديجة وسيدنا عليٌّ زيداً إلى الإسلام لذا فإنه ثاني المؤمنينَ باللهِ من الرجالِ(٢).

تغيرُ حياةِ زيدٍ بعدَ إسلامِه:

تغيرتْ حياةُ زيدٍ بعدَ إسلامِه؛ صار يرافقُ النبيَّ العظيم في بعض شؤونِ الدعوةِ يسيرُ معه.. يتلقى أحكامَ الدينِ على يديهِ ويراها واضحةً في أفعالهِ ـ صلى الله عليه وسلم ـ تغيرتْ حياةُ زيدٍ إذْ إنه رأى أكابرَ مكةَ كيفَ يعادونَ الدعوة الإسلامية ويحاولونَ القضاءَ عليها في بدايتها ولكنَّ الله متمٌ نورهُ رأى زيدٌ كيفَ كانَ المشركونَ يحافظونَ على مصالحهمْ الشخصيةِ وذلك من

(١) سيرة ابن هشام ـ دار شقرون ـ جزء ١ ـ ص ٣٢٧.

(٢) المصدر نفسه.

خلالِ استبقاءِ الناسِ على عاداتِهم السيئةِ، واستيلاءِ الكفرِ وعقائدِه الخبيثةِ السيئةِ على المجتمعِ بكاملِه. واستيلاءِ الطغاةِ على قلوبِ الناسِ والحرصِ على تسخيرِ البشرِ بالقوةِ، في حين رأىَ زيدٌ في دعوةِ الرسُول الكريم المخرجَ له ولأمثاله من ظلمِ البشرِ وتحكمهمْ فيهمْ.. كذلك علم زيدٌ مقدارَ حرصِ الرسولِ الحكيم على دعوتِه وعدم استجابتِه لجميعِ الإغراءاتِ التي حاولَ مشركُو مكةَ أن يشغلُوه بها؛ علم زيدٌ مكانةَ المالِ الضعيفَة في نفسِ النبيِّ الحكيم، وكذلك علم حقارةَ الحكمِ والجاهِ والسيادةِ في نفسِ الرسولِ العظيم علم منزلةَ هذه الأمورِ التي يتنازعُ الناسُ عليها ويتقاتلون، يفنونَ أعمارهُم في سبيلِ الحصولِ عليها، كل تلك الأمورِ لا تساوِي لدى الرسُول العظيم شيئاً - يرفضُ الحصولَ عليهَا نظيرَ تركِ أمرِ دعوتِه، تعلم زيدٌ أن حفاظهُ على دينِه أجلُّ وأسمَى وأغلىَ من كلِّ ذلك.

ما كان لزيدٍ أن يتعلمَ كلَّ ذلكَ ويزدادَ إيمانُه لولا قربُه الشديدُ من الرسولِ العظيم.

رأى زيدٌ وعاشر النبيَّ الحكيم قبلَ البعثة وبعدهَا فتعلمَ كيفَ يكونُ القولُ والخلقُ الحسنُ كأولِ درسٍ تلقاهُ على يدِ الرسول العظيم ثم تعلمَ كيفَ يكون إخلاصُ القولِ والعملِ لله ربِّ العالمين.

زواجٌ مباركٌ.

كانتِ السيدةُ أم أيمنَ هي حاضنةُ الرسُول ـ صلى الله عليه وسلم ـ أيْ أنها هيِ التي كانتْ تهتمُّ بجميعِ أمورهِ وشؤونِ حياتهِ بعدَ عودتهِ من عندِ السيدةِ حليمةَ السعديةِ مرضعتهِ وكذلك بعد وفاة أمه السيدة آمنة؛ لذا كانَ الرسولُ كثيراً ما يقولُ عن السيدةِ أمِّ أيمنَ: إنها أمي بعدَ أمي أي إِنها هي التي عوضَتْه عن فقْد حنان الأمّ بعدَ فقدهِ لأمهِّ ومن شدَّة حبِّ الرسُولِ الكريمِ لزيدٍ زوجَه هذه السيدةَ الفاضلةَ، راعىَ الرسول العظيم في هذه الزيجةِ أن تجمعَ اثنينِ من أحبِّ الناسِ إلى قلبهِ وأنْ يكونَ التكافؤ أي التوافُق والتشابهُ هو أساسُها كي لا تنشأ بين الزوجين العظيمين أي مشاكل في المستقبل.

تم هذا الزواج بعد بعثة الرسُول العظيم بعدة سنوات.

مولد أسامة.

وبعدَ عامٍ واحدٍ من زواجِ زيد بالسيدة أم أيمن رزقهُما الله بمولودٍ يحملُ ملامحَ والديه لكنَّه كان أسوَد البشرةَ مثلَ القارِ (الأسفلت) ولا عجَبَ فقد كانتْ جدةُ جده امرأةً سوداءَ. وجاءَ أسامةُ ينزعُ بعرقِه إليها فأخذ لونَها. وهذا ما جعلَ بعضَ الفضوليينَ يلمزونَه باختلافِ اللونِ بياضِ الأبِ مع سوادِ الابنِ. فحكَم النبيُّ ﷺ بأن الولدَ للفراشِ، وحكم القائفُ مجززُ المدلجيّ صحةَ نسبِ أسامةَ لزيدٍ بالملامحِ المشتركَة. وسنفصلُها فيما بعدُ إن شاءَ اللهُ.

واتفقَ رأيُ الزوجين الكريمين على تسميتِه أسامة وهي كلمةٌ ذاتُ أصلٍ عربيٍّ قديمٍ واسمٌ جميلٌ تعني أن صاحبه شُجاعٌ شجاعَة الأسدِ الذي يخيفُ عدوَّه ويستطيعُ حمايةَ نفسِه وقومِه؛ سمىَّ الزوجَان مولودهُما الصغيرَ بهذا الاسمِ تيمناً به ورغبةً في أن يكونَ الصغيرُ مدافعاً عن دينِ الله ومحارباً قوياً شجاعاً لأعدائِه، لا يخافُ ولا يهابُ وإنَّما يُلقِي بالخوفِ في نفسِ عدوهِ.

ولقد حققَ الله لهمَا ما أرادَا فنشأ الصغيرُ قوياً حتى إذا ما بلغَ مبلغَ الشبابِ كان له دوُر خطيرُ في تاريخِ الدعَوةِ الإسلاميةِ. إذ إن النبي ﷺ عقدَ له لواءَ الجهادِ. ووضعَ تحتَ إمرتِه أكابرَ الصحابةِ ووجههُ لمحاربةِ الرومِ وأتباعهمْ. وذلك عندَ آخرِ أيامِ حياة النبي ﷺ، فقامَ بهذه المهمةِ خيرَ قيامٍ بعد وفاةِ النبي ﷺ بأيامٍ قلائلَ. وكانتْ غزوته أكبرَ دعمٍ للدعوةِ الإسلاميةِ ودولتهِا حينئذٍ.

فرح النبي ﷺ بمولد أسامة.

وأُبلغَ النبيُّ ﷺ بخبرِ مولد أسامةَ ففرحَ فرحاً عظيماً ورفع كفيْه إلى السماءِ داعياً اللهَ أن يباركَ فيهِ حتى يكونَ مجاهداً في سبيلِ اللهِ.

كان النبيُّ الكريمُ يكثرُ بعدَ مولد أسامةَ من الترددِ على بيتِ زيدِ والسؤالِ عن المولودِ الصغيرِ أسامةَ فتسرعُ السيدةُ أم أيمنَ فتأتي به إلى حيثُ الرسولُ ﷺ الذي ما إن يَراه حتى يأخذَه بين ذراعيْه مسمِّياً الله وداعياً اللهَ

أن يباركَ فيه، ويروحُ الرسول الكريم يهزُّ الصغيرَ أسامةَ في حنانٍ شديدٍ، ويهدْهدُه ويقبلُه ثم يضَعُه على فخِذِه الشريفةِ وقدْ يضعُ على الفخذِ الأخْرى الحسنَ والحسينَ(١) ابني علي من زوجه فاطمةَ بنت الرسُول العظيم(٢) وهكذا كانَ ﷺ لا يفرقُ بين ابنيْ بنتهِ الصغيرين.. بين سبْطيه وبين أسامةَ بنِ زيدٍ ابنِ مولاه الذي أعتقَهُ بنفسه.. هكذا كانَ قلبُه مليئاً بالحبِّ والحنانِ لجميعِ البشرِ والعطفِ على الصغارِ.

تفتحَ بصرُ أسامةَ أولَ ما تفتحَ على هذا الضيفِ الذي كَثيراً ما يأْتي إلى دارهِمْ فيفرحُ أبوه فرحاً عظيماً وتسرعُ أمه إليه؛ كي تحسنَ من مظهره وتصطحبهُ إلى حيثُ هو؛ تفتحتْ عينا أسامة على حنانِ النبيِّ الشديدِ عليه فكانتْ قبلاتهُ وعطفُه ورحمتُه هي الانطباعاتُ الأولى، أولُ ما تشكلتْ عليه ووعَته نفس أسامة، وهي العبير ـ الرائحة الحسنة ـ التي امتلأت بها روحه وتشبعتْ بها منذُ صغرِه فلم ينسها أبداً ولم ينسَ للرسولِ العظيم فضلَه عليه ولا على أبويْه.

---

(١) أسامة بن زيد ـ علي الجمبلاطي ـ عبدالمنعم قنديل ـ دار نهضة مصر للطباعة والنشر، ص ١١.

(٢) روى البخاري في الأدب من صحيحه برقم ٦٠٠٣ عن أسامة بن زيد ـ رضي الله عنهما ـ قال: كان رسول الله ﷺ يأخذني فيقعدني على فخذه ويقعد الحسن بن علي على فخذه الآخر ثم يضمهما ثم يقول (اللهم ارحمهما فإني أرحمهما).

منزلة زيد بين المجاهدين.

بعدَ هجرةِ الرسُول ﷺ من مكةَ إلى المدينةِ المنورةِ اغتاظتْ قريشٌ غيظاً شديداً حين أدركتْ أن الرسول العظيم قد استطاعَ الهجرةَ بدينِ الله إلى أرضٍ جديدةٍ، وإلى أناسٍ آخرينَ قادرينَ على التغلبِ على أنفُسهم ورغباتهم الشخصيةِ، وبالتالي آمنُوا باللهِ ورسولهِ، وحسن إيمانهُم، بل وراحُوا ينصرون الرسول بأرواحهمْ وأموالهم وما يملكونَ في الحياةِ، ثارتْ ثائرةُ قريش إذ إنَّ الأمرَ قد أفلتَ من أيديهمْ ولم يعدْ بإمكانهم إيقافُ تقدمِ الدعوةِ الإسلاميةِ، لذا راحتْ قريشٌ تضربُ في الأرضِ دون تمهلٍ، راحتْ تتعاونُ مع اليهودِ ومع غيرهمْ في سبيلِ معاداةِ الرسول ودعوتهِ، كانتْ بعضُ القبائلِ المجاورَة للمدينَة المنورَة يضرُّها ويحدُّ من مصالحهَا انتشارُ دعوةِ اللهِ؛ لذا تعاونَ بعضهمْ مع غيرهمْ من القبائلِ وتعاون البعضُ الآخرُ مع قريشٍ وبالتالي أخذَ الرسُول العظيم يرسلُ عدداً من السرايا لمحاربةِ هؤلاءِ" والسَّريَّةُ عبارةٌ عن عددٍ من الجنودِ لا يزيدونَ عن أربعمائةِ جنديٍّ تحتَ قيادَة يحددُها الرسُول الحكيم، يخرجُون لتأديبِ قبيلةٍ من هذه القبائلِ.

يروي أحدُ الصحابةِ واسمهُ سلمةُ بن الأكوعِ فيقولُ: غزوتُ مع رسُول الله ﷺ سبعَ غزواتٍ، وخرجتُ فيما يبعثُ من البعوثِ تسع غزواتٍ مرةً علينَا أبو بكرٍ، ومرة علينَا أسامةُ.

يقول الصحابيُّ الجليلُ: إنه كانَ يخرجُ في السرايَا مع الرسُول ﷺ وكان يخرجُ مع زيدٍ لأن الرسول ﷺ كان يوليه قيادةَ السرايا. كان النبيُّ يجعلُ زيداً قائداً لمئات الجنودِ من الصحابةِ لما علمَه وعرفَه فيه من شجاعةٍ فائقةٍ وقدرةٍ عظيمةٍ على القتالِ ومن قبلِ ذلك إيمانٌ باللهِ ورسولهِ لا يتزعزعُ.

سريةُ أم قرفة.

واسمها: فاطمةُ بنتُ ربيعةَ بن بدرٍ، وهي زوجةُ مالك بن حذيفةَ بن بدرٍ و أم قرفَة امرأةُ جُنَّت وطاشَ عقلها لما رأتْ ما حققهُ الرسُول ﷺ وصحابتُه من نتائجَ باهرة بعدَ سنواتٍ قليلةٍ من هجرتهِ إلى المدينةِ فجمعتْ عدداً من قومها وصممتْ على غزوِ المدينةِ لقتلِ رسول الله ﷺ وإيقافِ التقدمِ الذي تحققُه الدعوةُ الإسلاميةُ في جميعِ المجالاتِ، فلما علمَ الرسُول ﷺ بهذا الأمرِ كلفَ أسامةَ بنَ زيدٍ بمحاربتها والقضاءِ على جيشِها.

خرجَ زيدٌ مسرِعاً على رأسِ سريةٍ من الصحابةِ حتى إذا لقُوا أعداءَ اللهِ ورسولهِ أروهُمْ مالم يره أحدُهم من قبلُ؛ فلم تكنْ هذه المرأةُ أم قرفة ولم يكنْ أحدٌ من جنودها يتخيلُ أن يلاقي جنوداً في مثلِ شجاعَة أوقوة أصحابِ رسُول الله ﷺ. فإذا كانَ الواحدُ من الأعداءِ يدخلُ في الحربِ وفي ذهنهِ أن يحيَا بعدَها؛ فإنَّ الصحابةَ ليحاربُ أحدُهم وما يشغلُ ذهنَه إلا الاستشهادُ في سبيلِ الله - عز وجل - فترَى أحدَهم وقد أقبلَ على عدوِّه

شعلةً من نشاطٍ وحماسةٍ.. يقبلُ عليه بصدرِه غيرَ خائفٍ ولا وجلٍ، يُعْملُ فيه السيفَ، وفي نفْسه شيءٌ واحدٌ، إما القضاءُ على عدوِّه، وإما الموتُ في سبيل الله ـ عز وجل ـ فكيفَ وهمْ هذه المرةَ أمام عدوٍّ سولتْ له نفْسُه وزينَ له الشيطانُ قتلَ رسُولِ الله ﷺ ؟!

ندمتْ أم قرفَة أشدَّ الندمِ وهي ترىَ أفرادَ جيشهَا يتراجعونَ، بل يهربونَ أمامَ المسلمينَ ومن يتأخرُ منهمْ يقتلُ؛ ندمتْ أشدَّ الندمِ إذ إنه لم يكنْ يخيلُ إليها أن المسلمينَ بهذا الحالِ، فهؤلاءِ همْ أصحابُ محمدٍ الذي أرادتْ قتلَه، لم ينتظُروا حتى تهجُم عليهمْ بل لقد جاءُوهَا بأنفسهمْ.. رجالاً لا يرتَدُون ملابسَ الحربِ وإنما يرتدُون ملابسَ الموتِ؛ فإن كانتْ هي نفسُها وهي قائدةُ الجيشِ تحاربُ ولديْها رغبةٌ في الحياةِ، أو الملك بعد وفَاة الرسُول ﷺ كما زينَّ لها شيطانُها، فإن هؤلاءِ لا يريدونَ إلا الموتَ؛ لأنه يضمنُ لهم البقاءَ في الجنَّة خالدينَ فيها أبداً، ينتظرونَ الفرصَ، يبحثُون عنها ليموتُوا في سبيلِ الله، وهي تريدُ أن تنالَ من رسُولهم.

رأت أم قرفَةَ من أصحابِ الرسُول ما لم تَره من قبلُ في حياتِها، ومالمْ يخطرْ على بالها. إن الصحابيَّ زيدَ بنَ حارثة ليهجُم على أحد رجالِها صائحاً مقبلاً عليه غيرَ مدبرٍ ولا معطٍ إياه ظهرَه؛ فإذَا بالجنديِّ الذي يحاربُ معَها لا يستطيعُ دفاعاً عنها. قد صرعه غرورُه ومفاجأةِ المؤمنينَ له.

وقد قتلها قيسُ بنُ المسحرِ اليعمريّ بأمرِ زيدٍ.

هكذا حاربَ زيدٌ والصحابَة أمَّ قرفَةَ وأتْباعَها حتى قَضُوا عليهمْ وعادُوا إلى المدينةِ(١).

فرحةُ النبيِّ بعودةِ زيدٍ وتكريمه له.

تروي السيدةُ عائشةُ ـ رضي الله عنها ـ أن زيداً.. قدم ورسولُ الله في بيتي فقرع زيدٌ البابَ ـ فعرفَ الرسولُ أن الذي يقرعُ البابَ ـ يدق عليه ـ هو زيدٌ ـ فقامَ يجرُّ ثوبَه عُريَاناً، ما رأَيْتُه عُرياناً قبلَها حتى اعتنقَه وقبلَه ثم سأله فأخبره بما ظفرّه اللهُ.

لم تر السيدةُ عائشةُ من قبلُ الرسُول العظيم يقومُ مسرعاً لاستقبالِ أحدٍ من الصحابةِ وهو بعدُ لم يُكمل ارتداءَ ملابسِه إلا قيامَه لاستقبالِ زيدِ بنِ حارثة في هذا الموقفِ فقدْ قامَ الرسُول العظيم مسرِعاً.. فتحَ البابَ بنفسهِ لزيدٍ ثم عانقَه طويلاً وقبلَه ثم راحَ يسأله عما حققهُ اللهُ من نصرٍ على يديْه.

وقال الرسُول الحكيم لـ زيد:

يا زيدُ أنتَ مولايَ ومنِّي وإليَّ وأحبُّ القوم إليَّ.

---

(١) انظر البداية والنهاية لابن كثير ٣ / ١٩٢ بتصرف.

وهذا تكريمٌ ما بعدهُ تكريمٌ من الرسُول العظيم لحبيبهِ زيدِ بنِ حارثة إذ يقولُ له أنتَ منيٍّ وهو تعبيرٌ يدلُّ على شدَّة قربِ زيدٍ من الرسُول، وأحبُّ القومِ إليّ وهذا أيضاً تعبيرٌ يدلُّ على شدةِ حبِّ الرسُول العظيم لزيدٍ.

الوداع الأخير

الروم قوة عظمى:

حينما بعثَ الرسُول ﷺ كان يُسيطرُ على العالمِ في ذلك الوقتِ قوتانِ عظيمتانِ هما الفرسُ والرومُ، أما الفرس فكانتْ تقعُ شمالَ شرقِ الدولةِ الإسلاميةِ الآخذةِ في النهوضِ والارتفاعِ، ومكانها اليوم إيران والعراق وأما الرومُ فكانتْ تقعُ في غربِ الدولةِ الإسلاميةِ إلى الشمالِ، استولَى هؤلاءِ الظلمةُ على بلادِ الشامِ سوريا ولبنان وفلسطين والأردن، وكذلك اغتصبُوا بالقوةِ مصرَ وليبيَا وتُونس التي كانت تسمى وقتها إفريقية.

كانت إمبراطورية الروم الكبيرة قد شاخت، أي كبرتْ في السنِّ، ولم يعدْ حكامُها قادرينَ على السيطرةِ على تلكِ البلادِ، أو إحكامِ قبضتهمْ عليها لذا كانُوا يحكمُونَ بالظلمْ؛ مما جعلَ أهلَ البلاد يكرهونَ حكمهمْ ويتطلعونَ إلى منْ يخلصهمْ من هذا الظلْم الذي يعيشونَ فيه.

أدركَ حكامُ الرومِ مثلمَا أدركتْ شعوبهمْ المأسورةَ لهمْ المظلومة عندهمُ أن الإسلامَ وحدَه هو الملجأُ للخروجِ من الأزمةِ التي يحياهَا العالمُ كلُّه وخاصَّة الشعوبَ التي يتحكمونَ فيها؛ ففيه وحده العدلُ والسماحةُ بما يكْفي لأنْ تستطيعَ هذه الشعوبُ العيشَ في أمانٍ. ولما كانتْ بلادُ الشامِ تجاورُ شبهَ الجزيرةِ العربيةِ لذا خشي الرومانُ من انتشارَ الإسلامِ عبرَ شبهِ الجزيرةِ إلى

بلادهمْ لذا بادر الرومُ بالهجومِ على حدودِ الدولةِ الإِسلاميةِ ليحدوا من انطلاقِ الإِسلامِ أدرك الرسول ﷺ هدفَ الرومِ الذي يريدونَ تحقيقهُ فقررّ أن يبادرهُم ويثبتَ لهمْ قدرةَ الإِسلامِ والمسلمينَ على المقاومةِ.

الرسولُ يجهزُ جيشاً للتصدِّي للروم.

لذلكَ فَفي جُمادَى الأولَى من العامِ الثامنِ للهجرةِ جهزَ الرسولُ الحكيمُ جيشاً من المسلمينَ للتصدي للرومِ والدفاعِ عن الدولةِ الإِسلاميةِ من جهةِ الشمالِ.. توقفَ الجيشُ منتظراً لأنْ يعلنَ النبيُّ الحكيم اسمَ قائدِه الذي سيتبعُ الجيشُ أوامَره ويحرصُ على تنفيذها.. صمتَ الجميعُ قالَ الرسُول الحكيم:

«عليكمْ بزيدِ بنِ حارثةَ فإنْ أصيبَ زيدٌ؛ فجعفرُ بنَ أبي طالب فإن أصيب جعفرٌ، فعبدٌ الله بنُ رواحة».

إن الرسولَ الحكيمَ ليعلمُ أنها ليستْ كأيِّ معركةٍ خاضَها المسلمونَ بل إنها لمعركةٌ خطيرةٌ قد يلاقي فيها هذا الجيشُ عدداً من الجنودِ الرومانِ يزيدونَ عليهمْ بكثيرٍ؛ قد يجدُون أمامهمْ من الأسلحةِ مالم يعرفوا له مثيلاً. وعلى الرغمِ من أنَّ جعفرَ بن أبي طالب كان من المقربينَ إلى قلبِ ابن عمِّه رسولِ الله ﷺ وعلى الرغْم من شجاعتهِ وجسارتهِ وحسَبهِ ونسَبهِ - مكانتهُ في قومه - فقدْ جعَلَهُ الرسولُ العظيم الأميرَ التَّالي لـ زيدٍ وجعلَ زيداً الأميرَ الأولَ

للجيْش؛ هذا هو الإسلامُ الدينُ الذي لا يفاضلُ بين الناسِ بحسبهمْ، ولا بنسبهمْ ولا بقربهمْ من القائدِ العامِ، وإنما يفاضل بينهمْ بالتقوىَ وخوفِ الله ثم بما لديهمْ من قدراتٍ، بمثلِ هذهِ الكلماتِ كانَ الرسُول العظيم يثبتُ عملياً حقيقة أنه جاءَ ليلغي الميزاتِ الإنسانية الفاسدَة القائمةِ على أسسٍ باطلةٍ من الوساطَة والمصلحَة وغيرها لينشيءَ بدلاً منْها ميزاتٍ جديدةً أساسُها تكريمُ الإنسانِ والارتفاعُ به حسبَ إيمانهِ بربه وعملهِ الصالحِ.

زيدٌ يودعُ زوجه.

لم تكنْ هَذه هي المرة الأولى التي يودعُ فيها زيدٌ زوجهَ السيدةَ أمَّ أيمنَ وابنهَ أسامةَ فلقدْ ودعهمَا من قبلُ وهو ذاهبٌ إلى غزواتٍ وسرايا قادَ بعضَها بنفسه فما باله هذهِ المرةَ يفاجأُ بالدموعِ تملأ عينيه؟ أيضاً شاهدَ زيدٌ السيدةَ أم أيمن هذه الليلَة تودعُه والدموعُ تملأُ عينيهَا.. إنها قدْ شهدته يودعُها كثيراً لكنَّ إحساساً خفياً في نفْسها يخبرها بأنَّ هذا هو الوداعُ الأخير(١).

ومما زَاد هذا الشعورَ في داخلِها أن زوجَها قد سهرَ حتى الصباح يحدثُها عن الاستشهادِ والجنَّة وأيضاً عن ثوابِ الصابرينَ وعظم أجرهمْ عندَ ربهم حدَّثَها عن أجرِ حمدِ اللهِ عندَ تلقي الأنباءَ المفجعَة.. فأحستْ بأنَّ أمراً عظيماً سوف يحدث.

---

(١) أسامة بن زيد - علي الجمبلاطي - عبدالمنعم قنديل - دار نهضة مصر للطباعة ص ١٦، ١٧.

المفاجأة.

كان الرسولُ الحكيمُ يدركُ أهميةَ هذه المعركةِ فاختار لها ثلاثةً من رهبانِ الليلِ وفرسان النهارِ؛ ثلاثةً ممن يمضُونَ ليلهم بين قيامٍ لله ودعاءٍ حارٍ أن يغفرَ الله لهمْ ويباركَ في أعمالهمْ حتى إذا طلع النهارُ رأيتهمْ فرساناً لا يتخلفونَ عن ساحةِ المعركةِ، ولا يتأخرونَ لحظةً كانَ هؤلاءِ الثلاثةُ قد باعُوا أنفسهمْ لله عَزَّ وجل فلمْ يعدْ لهمْ مطمحٌ ولا رجاءٌ إلا في استشهادٍ عظيمٍ يلقونَ بعدهُ رضوانَ الله عليهمْ.

ويرونَ وجَه ربهمْ العظيم ويدخلونَ الجنةَ ويتبوؤون الفردوسَ الأعلَى بها، ويا لها من منزلة.

تحركَ الجيشُ الإسلاميُّ بقيادةِ زيدِ حتى بلغَ البلقاءَ وهو موضعٌ في الشامِ عندَ مدينةِ معانٍ بالأردنّ حالياً حتى إذا بلغُوها لقيهمْ جيشُ الرومِ، وقد تكونَ منهمْ ومن القبائلِ المستعربةِ أيْ المواليةِ للرومِ والخاضعةِ لهمْ نظيرَ المالِ وغيرهِ، نزلَ جيشُ الرومِ في موضعٍ يُدعَى تشارف في حين نزلَ جيشُ المسلمين في مكانٍ يسمَّى مؤتة حيثُ سميتْ الغزوة باسمهِ.

وحدثَ ما توقَّعه رسُول الله ﷺ إذ فوجيء الجيشُ الإسلاميُّ وهو لا يتجاوزُ عدةَ آلافٍ بأنَّ عليه أن يحاربَ جيشاً من الرومِ والقبائلِ المواليةِ لهم عدده مئتا ألف جنديٍّ، الموقف إذنْ بالغِ الصعوبةِ بالنسبةِ للمسلمينَ كيفَ

يحاربونَ مثل هذا العدد ولم يكنْ الموقف على صعوبتهِ يحتملُ أي تراخٍ فلابدْ من خوضِ المعركةِ فلنْ يقال أن جيشَ المسلمينَ قد فوجىءَ بعددِ عدوهم فتراجعَ لن يقال مثل هذا القولِ عن المسلمينَ أبداً وهكذا بدأت المعركةِ.

استشهادُ زيدٍ:

لم تشهدْ أرضُ البلقاءِ مثلَ هذه الحربِ، تقدمَ زيدٌ وفي يده لواءُ رسولِ اللهِ فكانَ هدفاً للسهامِ والرماحِ من كلِّ جانبٍ إذ إنه حاملُ الرايةِ التي هي رمزُ عزةِ وارتفاعِ منزلةِ الإسلامِ والمسلمينَ.. تقدمَ وراءهُ المسلمونَ لكن زيداً لم يلبثْ أن شاطَ في رماحِ القومِ مزقتِ الرماحُ جسده تمزيقاً فأسرعَ جعفرُ بنُ أبي طالبٍ يتلقىَّ الرايةَ واقتحمَ صفوفَ الرومِ في شجاعةٍ نادرةٍ إلا أن الرومَ لم يتمهلوا بل حاصرُوه من كلِّ جانبٍ فأصيبتْ يده اليمنى بضربةِ سيفٍ قطعتْ يده بعدها على الفورِ؛ وعلى الرغمِ من شدةِ نزيفِ يدهِ إلا أنهُ لم يهتم بها ولا بفورانِ الدمِ الساخنِ على جسدهِ وملابسهِ ـ دمُه ينزفُ ومع هذا يخشَى على رايةِ رسولِ الله أن تسقطَ على الأرضِ فيتلقاها بيدهِ اليسرى فيقطعُ الرومُ شمالها وكانتْ آخر محاولاتهِ أن ضمَّ الرايَة بين عضديْه ـ بين كتفيه ـ حتى استشهدَ.

فأسرعَ عبدالله بنُ رواحة بحملها وسرعانَ ما استشهد أيضاً رحمه اللهُ.

وحانت الفرصة لخالدِ بنِ الوليد، فلم يصبرْ بل بادرَ بسرعة ووضعَ كل خبرته وحنكته وتدريبه وإيمانه لصالح المعركة فأعادَ ترتيبَ جيشِ المسلمينَ بالليلِّ ووضعَ له مخططاً سريعاً أجرى فيه بعض التغييرات في صفوف الجيش ليوهم العدوَّ بأن أمداداً جديدةً ترفدُ المسلمينَ وبأعدادٍ غفيرةٍ.

ولقد نعى النبي ﷺ زيداً وجعفر بن أبي طالب وعبدالله بن رواحة للناس قبل أن يأتيهم خبرهم. نعاهم وعيناه تذرفان، ثم أعلمهم أن خالد بن الوليد هو الذي أخذ الراية وهو سيف من سيوف الله ففتح الله عليهم وعليه.

الرسول يستغفر لزيد

عن أبي ميسرَة قال: لما بلغَ رسولَ الله ﷺ مقتلُ زيدٍ وجعفرٍ وابنِ رواحة قام فذكرَ شأنهُم، وبدأ بزيدٍ فقال: (اللهم اغفرْ لزيدٍ، اللهم اغفر لزيدٍ، اللهم اغفر لزيدٍ) ثلاثَ مراتٍ. (اللهم اغفر لجعفرٍ، وعبدالله بنِ رواحة) مرةٍ واحدةٍ.

يدعو الرسُول ﷺ لحبيبهِ زيدِ بنِ حارثة ويستغفرُ له، ويبشرُ الصحابَة أن اللهِ قدْ كرَّمَ زيداً بما فعلَ وجاهدَ فجعلَه من أهل الجنَّة.

ويزورُ النبيُّ ﷺ أسرةَ زيدٍ ويواسيهِمْ ويشاركهمْ الحزْنَ واللوعةَ وربما سالتْ دموعُه على خدِّه الشريفِ دونَ أن يكونَ له صوتُ بكاءٍ كما هي سنَّتُه

بعض ما جاء في كتب المؤرخين حول هذا الموضوع.

ذكر موسىَ بنُ عقبةَ في مغازيهِ قصةَ غزوة مؤتة قال:

زعَمُوا أن رسُولَ الله ﷺ مرَّ على جعفرٍ في الملائكة يطيرُ كما يطيرون له جناحان.

قال: وزعمُوا أن يعلى بنَ أمية قدمَ على رسولِ الله ﷺ بخبرِ أهلِ مؤتة.

فقال رسُول الله ﷺ : (إن شئتَ فأخبرني، وإن شئْتَ أخبرُك)؟

قال: أخبرْني يا رسُول الله، فأخبرَه رسول الله ﷺ خبرهُم كله، ووصفَه لهم.

فقال يعْلي: والذي بعثك بالحقِّ ما تركتَ من حديثهمْ حرفاً لم تذكرْ وإِن أمرهُم لكما ذكرت.

فقال رسول الله ﷺ : (إِن الله رفع لي الأرض حتى رأيت معتركهم).

البداية والنهاية ٤ /٢٤٧.

﴿لَقَدْ كَانَ فِي قَصَصِهِمْ عِبْرَةٌ لأُوْلِي الأَلْبَابِ﴾

عزم على النصر

لقد كانتْ غزوةُ مؤتة فخراً عظيماً للمسلمينَ، ودعماً أكيداً لنفوسِهم الصافيةِ وشحذاً أكيداً لعزائمهم الصادقةِ. لأنهم اكتسبُوا بعددهم القليلِ الذي لم يتجاوز ثلاثة آلاف اكتسبُوا نصْراً مؤزراً على أكبر وأقْوَى إمبراطوريةٍ في ذلك الوقت، وبأقلِّ خسائر عندَ المسلمينَ إضافةً إلى ذلك فقد عملتْ على رفع معنويات المسلمين وجعلتْ لهم هيبةً داخلياً وخارجياً بجانبِ انحطاطِ المعنوياتِ عندَ الرومِ وأتباعهمْ.

كلَّ ذلك كانَ في واقعه مقدمةً لغزوةِ تبوك فيما بعدُ حين احتلَّ الرومُ مدينة تبوك مجربينَ آخرَ خيطٍ من الأمل عندهُم، ولكن سرعَان ما خفَّ الرسُول والصحابةُ إلى تبوكٍ فانسحبتْ جيوشُ الرومِ قبلَ وصولِ المسلمينَ وكفَى الله المؤمنينَ القتالَ.

بل أكثر من ذلك كانَ مقدمةً لطردِ جيوشِ الروم من بلاد الشام كلِّها، وجعلت هرقل يقف على آخر الجبالِ السوريةِ مكللاً بالخزي والعارِ مملوءاً باليأسِ ليقولَ كلمته النهائيةَ: سلامٌ عليكِ يا سورية سلامٌ لا لقاء بعده.

إذن كانت غزوةُ مؤتةَ بدايةَ الطريقِ لتلك النتيجةِ التي لم تحتملْ أكثرَ من عشرِ سنينَ. ثلاثةُ آلافٍ ينتصرونَ على مئتي ألفٍ. ترتفعُ بالعددِ القليلِ

أسهمُ المسلمينَ وتنحطُّ بالعددِ الكبيرِ أسهمُ الكفرِ ﴿ **كَم مِّن فِئَةٍ قَلِيلَةٍ غَلَبَتْ فِئَةً كَثِيرَةً بِإِذْنِ اللَّهِ وَاللَّهُ مَعَ الصَّابِرِينَ** ﴾ [**البقرة**] .

وفي آخرِ أيامِ النبيِّ ﷺ نادى بالتعبئةِ لغزْوِ الرومِ ونشرِ الإسلامِ في بلادهمْ والأخذِ بثأرِ شهداءِ المسلمينَ في معركةِ مؤتةَ كانَ أسامةُ بن زيدٍ من أسْعد الناسِ بأمرِ هذه الغزوَةِ، إن الفرصةَ قد واتتهُ للأخذِ بثأره ممن قتلُوا أباه، بل لينزلَ بهمْ الهزيمةَ، بينمَا أسامةُ على هذه الحالِ، إذ استدعَاه الرسُول العظيمُ، أسرعَ أسامةُ ملبياً طلبَ الرسولِ العظيم في الحضورِ إليه، وهناكَ قبلَه الرسولُ الكريمُ في جبينه وأجلسهُ إلى جوارِه قائلاً له :

سرْ إلى موضعِ مقتلِ أبيكَ، فأوطئهم الخيلَ فقدْ وليتُك هذا الجيشَ فأغرْ صباحاً على أهلِ أبْنَى، وحرقْ عليهمْ، وأسرعِ السيرَ تسبق الخبر، فإن ظفرَك اللهُ بهمْ فأقللْ اللبثَ فيهمْ، وخذْ معكَ الأدلاءَ. وقدِّم العيونَ والطلائعَ أمامكَ(١) وكان عددُ أفرادِ جيشِ أسامةَ ثلاثةَ آلافٍ، وقيلَ سبعةَ آلافٍ فيهمْ كبارُ الصحابةِ سوى أبي بكر وعمرَ.

إن الرسولَ الكريمَ يأمرُ أسامةَ الذي لم يبلغ العْشرينَ بعدُ بأن يتولَّى قيادةَ جيشٍ يضمُّ خيرةَ الصحابةِ ممنْ يتعدَّى عمرُ الواحدِ فيهمْ عمرَ أسامةَ بل ربما زادَ على ضعفِ عمرهِ؛ لا لشيءٍ إلاَّ لما لمسهُ منْ كفاءة أسامةَ الحربيةِ، يأمرهُ

---

(١) نقلا عن فتح الباري ٧ / ٧٥٩ عدا السطر الأخير.

الرسولُ الحكيمُ بأن يهجمَ على الرومِ في الصباحِ الباكرِ وأنْ يعاجلهُم قبلَ أن ينتشرَ خبرُ هجومهِ عليهمْ، ثم إذا ما أرادَ اللّه تحقيقَ نصرهِ عليهمْ فلاَ تبقَ فيهمْ كثيراً ويأمره الرسُول أيضاً بأنْ يجعل عناصرَ الاستطلاعِ والعالمينَ بالطريقِ أمامَه.

اعتراض البعض على ولاية أسامة.

اشتدَّ المرضُ على الرسُول العظيم حتى لم يقوَ على السيرِ، فاستندَ على عليٍّ بنِ أبي طالبٍ وعمه العباسِ، ورغمَ ذلك فلقدْ بلغهُ أن بعضَ الصحابةِ قد اعترضوا على قيادةِ أسامةَ للجيشِ، ورغمَ مرضِ الرسولِ الشديدِ وارتفاعِ درجةِ حرارتهِ إلاَّ أنهُ طلبَ أن يسكبَ عليه سبعُ قربٍ مليئةٍ بالماءِ من سبعِ آبارٍ شتىَّ وخرج إلى المسجدِ وخطبَ في المسجدِ قائلاً للمسلمينَ:

- أيها الناسُ انفذوا بعثَ أسامةَ، فلعمري لئنْ قلتمْ في إمارتهِ لقد قلتُم في إمارةِ أبيهِ من قبلهِ. وإنه لخليقٌ للإمارةِ، وإن كانَ أبوه لخليقاً بها.

إن الرسولَ العظيمَ يأمرُ بأنْ يطيعَ المؤمنونَ لأسامةَ وإن كانَ بعضهمْ يعترضُ اليومَ فلقد اعترضُوا على توليةِ أبيهِ الإمارةَ من قبلُ، وإن كانَ أسامةُ جديراً بالإمارةِ كما كانَ أبوه زيد جديراً بها من قبلُ.

قضايا شرعية
من حياة زيد بن حارثة

١ - إثبات النسب.

كان العرب إِذا شكوا بنسب بعض الأولاد لأبيهم يحتكمونَ إِلى القائفِ ويتفحصُ القائفُ الأبَ والابنَ ويلاحظُ الملامحَ المشتركَةَ إن وجدت ويحكُم بعدَ ذلكَ بإِلحاقِ نسبِ الولدِ بأبيهِ، أو بعدمِ إِلحاقهِ.

وجاءَ الإِسلامُ ليعْطي حكْماً أكثر جزْماً وصرامةً وقطعاً لكلِّ الشكوكِ: قال رسولُ الله ﷺ (الولدُ للفراشِ وللعاهرِ الحجرُ).

فإِذا أضيفَ إِلى النصِّ الشرعيِّ تأكيدَ القائفِ أعطى النفوسَ طمأنينةً أكثر. كان زيدُ بنُ حارثةَ أبيضَ اللونِ كالقطنِ، وكان ابنُه أسامَة أسودَ مثل القارِ (الإِسفلت). وصار الفضوليونَ من الناسِ يغمزُونه بنسبه ويلقُون بالمزاعِم والهمساتِ السيئةِ.

ومر القائفُ الخريتُ المشهورُ مجززُ المدلجيَّ، وكان زيدٌ وابنهُ نائمينِ تحتَ لحافٍ واحدٍ، وقدْ بدتْ أقدامهمَا، فنظرَ القائفُ مجززُ فحكَم بثبوتِ نسبِ أسامةَ لأبيهِ زيد، وكانَ ذلكَ بحضورِ النبيِّ ﷺ، فأقرَّه وضَحِكَ فرحاً بما حكمَ به مجززُ ليسكتَ الهمساتِ السيئةِ التي تطعَنُ نسبِ أسامَة لأبيه.

عن عـائشـةَ رضـيَ اللهُ عنهـا قـالتْ: دخـلَ عليَّ رسُول الله ﷺ ذاتَ يومٍ وهو مسرورٌ تبرقُ أساريرُ وجههِ، فقال:

(يا عـائشـة، ألـم تري أن مـجـززاً المدلجيّ دخلَ عليَّ فـرأى أسـامـةَ وزيداً وعليهـما قطيفةٌ قدْ غطيا رؤوسهـمَا، وبدتْ أقدامهـمَا فقـالَ: إن هذهِ الأقدامُ بعضها من بعضٍ)؟

رواه البخاري في فضائل الصحابة برقم ٣٥٥٥.

٢- إبطال التبني.

مر الحديث معنا عن تبني رسول الله ﷺ لزيد عند فضل الرسول عليه وعلى أبيه وعمه.

لقد شاءَ اللهُ تعالى أن يبطلَ عادَة التبنِّي عمَلياً، حيث كان المتبنى إذا طلقَ زوجتَه لا يحقُّ لأبيه الذي تبناه أن يتزوجَها لأنها كانت زوجةُ ابنهِ. فقرر الشرعُ الإسلاميُّ إبطال هذا التبني، وذلك بجواز أن يتزوجَ الأبُ المدَّعي مطلقةَ المتبنى ليبينَ عمَلياً أنه ليسَ ابناً، وأن التبني قد انتهى إلى غير رجعة.

وقد تجلى ذلك التشريع عملياً في موضوع زواج زيد من زينب بنت جحش ابنة عمة الرسول ﷺ ولكي تسير الأمور وفق تقدير الله لها؛ أخذت زينبُ تعاملُ زوجَها بجفافٍ وجفاءٍ؛ لإحساسها بعلو نسبها وكرامة منزلتها.

ويشكوهَا زيدٌ إِلى ابن خالِها رسولِ الله ﷺ ويصبرُه النبي ﷺ ؛ ويقولُ لَه كما جاء في كتاب الله الكريم ﴿**أَمْسِكْ عَلَيْكَ زَوْجَكَ وَاتَّقِ اللَّهَ**﴾ وقدْ أعلمَ اللهُ نبيَّه أنَّ زيداً سيطلقهَا وسيتزوَّجها رسُول الله ﷺ، ولم يكنْ من أدبِ النبيِّ ﷺ أن يخبرَ زيداً بهذا النبأ وكان يخفيهِ.

وأخيراً طلق زيدُ بن حارثةَ زوجتهُ زينب، ثم انقضتْ عدتها.

وهنا أمرَ اللهُ نبيهُ ﷺ أن يتزوجَ زينبَ التي كانتْ زوجةً لمن كانَ متبني واسمُه عندَ الناسِ زيدُ بن محمدٍ. وفي هذهِ صعوبةٌ نفسيةٌ في مواجهةِ المجتمعِ لا يحملُها إلا أعظمُ الناسِ. فخشيَ من كلامِ الناسِ في مخالفةِ عاداتِهم المستحكمة فقال تعالى:

﴿**وَتُخْفِي فِي نَفْسِكَ مَا اللَّهُ مُبْدِيهِ وَتَخْشَى النَّاسَ وَاللَّهُ أَحَقُّ أَن تَخْشَاهُ**﴾.

عن أنسٍ قالَ: جاء زيدُ بنُ حارثةَ يشكُو، فجعلَ النبيُّ ﷺ يقولُ: (اتق الله وأمسكْ عليكَ زوجك) قال أنسٌ: لو كانَ رسولُ الله ﷺ كاتماً شيئاً لكتمَ هذهِ. قال: فكانتْ زينبُ تفخرُ على أزواجِ النبيِّ ﷺ وتقولُ: زوجكُن أهاليكنُ وزوَّجني اللهُ تعالى من فوقِ سبعِ سماوات.

وهكذا أبطل الإسلامُ قضية التبني.

الفهـــرس